Desarrollo de
Liderazgo
con énfasis en
Diplomacia

JA Pérez

Desarrollo de Liderazgo con Énfasis en Diplomacia
© 2018 JA Pérez
Todos los derechos reservados en toda imagen y letra. Copyright © 2018 por JA Pérez.

Nota de derechos
Todos los derechos reservados. Ninguna parte de este libro puede ser reproducida o transmitida en forma alguna ya sea por medios electrónicos, mecánicos, fotocopiados, grabados o en ninguna otra forma sin el expreso consentimiento escrito de la publicadora.

Nota sobre riesgos
La información contenida en este libro es distribuida "como está" y sin garantías. Ni el autor ni Keen Sight Books se hacen responsables en cuanto a daños causados por interpretaciones individuales privadas del contenido aquí expuesto.

Marcas Registradas
Desarrollo de Liderazgo con Énfasis en Diplomacia es un título publicado y distribuido por Keen Sight Books. Todas las otras marcas mencionadas son propiedad de sus respectivos dueños.
Excepto donde se indique, todos los textos bíblicos han sido extraidos de la versión Reina-Valera 1960. © 1960 Sociedades Bíblicas en América Latina; © renovado 1988 Sociedades Bíblicas Unidas. Reina-Valera 1960™ es una marca registrada de la American Bible Society.

Keen Sight Books

Puede encontrarnos en la red en: www.KeenSightBooks.com
Reportar errores de imprenta a errata@keensightbooks.com

ISBN: 978-1947193185

Printed in the U.S.A.

AGRADECIMIENTOS

A todos los líderes que caminan con nosotros en esta tarea de predicar las buenas nuevas en las naciones.

CONTENIDO

Introducción 7

RELEVANCIA

1 Relevancia Cultural 11

2 Relevancia en comunicación 15

SELECCIÓN

3 Prioridades en Recurso Humano 21

4 Prioridades en Utilidad 25

DIPLOMACIA

5 Diplomacia de Reino 31

6 Diplomacia en Relaciones 35

7 Diplomacia en la Palabras 39

EMBAJADOR

8 Embajador Preparado 43

9 Líderes Nacen 47

10 Todo lo bueno se multiplica 53

Trabajo Práctico y de investigación 57

Bibliografía 69

Trabajo del autor en Latinoamérica 70

Otros libros del autor 75

Introducción

¿Por qué formar líderes?

Cada palabra cuenta, así que, prestar mucha atención y leer despacio...

Desde 1982, el ministerio de JA Pérez se ha extendido por el mundo de habla hispana con un propósito - proclamar el amor de Dios a las personas que necesitan a Jesucristo. Hoy en día, en cada evento evangelístico de la Asociación esta labor de cambiar vidas continúa, pero la misión no se detiene ahí.

Levantar y equipar líderes con visión de evangelismo global se ha convertido en una parte esencial de nuestro trabajo. Líderes dispuestos a sentarse a la mesa con aquellos que moldean culturas, influyen decisiones y diseñan las ideas que dirigen el curso de vida en sus respectivos países.

Es en el proceso de equipar líderes claves, que hemos descubierto que debido al rápido cambio político y social en países en desarrollo, la forma tradicional de hacer misiones debe ser actualizada. El mensaje del evangelio es y ha sido el mismo durante los últimos 2000 años, y siempre será. La verdad no cambia. Sin embargo, los modelos de evangelismo y misiones deben ser relevantes a cada cultura, grupo y generación.

Para llevar a cabo esta tarea, buscamos multiplicar el impacto mediante una cuidadosa selección de líderes probados y consagrados, entregándoles una formación sin paralelo que los preparará para impactar sus mundos con el mensaje de Jesús. Líderes provenientes de diferentes trasfondos y culturas del mundo en desarrollo que ya tienen acceso, estatura e influencia además de crucial conocimiento de su contorno geográfico.

A estos procuramos proporcionar principios culturalmente sensitivos en un contexto internacional y esto en sesiones exclusivas - todo en un marco de tiempo que líderes realmente ocupados pueden manejar.

Relevancia cultural en evangelismo es la nota clave de nuestro programa. Cada líder ocupa un mundo único - dentro de cierta cultura, nación, profesión, y círculo social... cada uno requiere un enfoque específico para desarrollar habilidades que faciliten la presentación del Evangelio a su específica audiencia.

Trabajamos con una mentalidad de impacto a largo plazo. Asegurando que la experiencia adquirida por nuestros graduados se transmite de manera exponencial, a medida que se comprometen a influir a otros líderes y comunidades. Como resultado, literalmente, millones de personas alrededor del mundo escucharán el mensaje de Cristo en un contexto que entienden - y en las regiones que los misioneros tradicionales ya no pueden alcanzar.

RELEVANCIA

Calidad o condición de relevante, importancia, significación. (1)

*Relevante tiene su origen en el vocablo latino **relĕvans** que, a su vez, procede de **relevāre** ("alzar", "levantar"). Se trata de algo significativo, importante, destacado o sobresaliente.*

Lo relevante adquiere su significado sólo en comparación con otras cosas. Para que algo sea relevante, es imprescindible trazar paralelos con otras cosas que formen parte de una hipotética lista de prioridades, categorías o jerarquías. (2)

RELEVANCIA CULTURAL

Principio #1 "Cuando vayas a Roma, haz como los romanos".

Relevancia cultural en evangelismo es la nota clave de nuestro programa. Cada líder ocupa un mundo único - dentro de cierta cultura, nación, profesión, y círculo social... cada uno requiere un enfoque específico para desarrollar habilidades que faciliten la presentación del Evangelio a su específica audiencia. -JA Pérez (7)

La sociedad de Pastores de una ciudad no pudieron apoyar un festival porque tenían un evento de un desfile que culminó frente al palacio de gobierno. Ahí frente al palacio de gobierno las iglesias presentaron danzas judías y cientos de persona ondeaban banderas de Israel.

Parecería ser un acto espiritual con símbolos bíblicos. Sin embargo, existen dos realidades:
1- Ondear banderas extranjeras especialmente frente a una institución de gobierno, pudiera interpretarse como una provocación a la soberanía de un país.

2- Los que no conocen a Cristo, no entienden que está pasando, o que significan estos símbolos religiosos.

Quizá danzas culturales regionales con banderas de la nación hubiesen tenido mayor relevancia. Al menos, algo con lo que los nacionales se pueden identificar.

Principio: Elementos que puedan alinear a una audiencia trabajarán en contra del objetivo principal, el cual es comunicarles a Cristo.

En nuestros eventos, las presentaciones culturales son una poderosa herramienta de identificación, además que es entendible, el aspecto de celebración nacional romperá el ambiente rígido y de aburrición y traerá alegría y sonrisas en los rostros de la audiencia.

Principio: Es más fácil predicarle a alguien alegre que a alguien preocupado e incómodo por estar en el lugar.

Principio: No puedes ayudar a alguien si primero no te sientas donde este se sienta.

...a todos me he hecho de todo, para que de todos modos salve a algunos... 1 Corintios 9:22

Entregado por Jesús

En cualquier ciudad donde entréis, y os reciban, comed lo que os pongan delante... Lucas 10:8

¿Qué estaba Jesús haciendo cuando entregó esta orden a los setenta?

Les estaba enseñando adaptación cultural.

Esta orden representa un concepto general y esto no se trata solamente de comida.

La idea detrás de la frase se pudiera consolidar en un dicho muy antiguo: "Cuando vayas a Roma, haz como los romanos".

En mis años de misionero en México, yo tomé este texto en el sentido literal más reducido de la palabra. En los circuitos y viajes regularmente era invitado a comer, especialmente en pueblos pequeños. Por lo regular las personas le ponen mucho chile (pimientos picantes) a los alimentos. Como yo crecí en un país donde no se usa el chile de esta manera, cada vez que comía en un lugar invitado, me enfermaba del estómago, pero debía continuar haciendolo pues Jesús había dicho: "En cualquier ciudad donde entréis, y os reciban, comed lo que os pongan delante", a parte de una antigua regla de educación que me enseñaron de pequeño… "a no despreciar lo que alguien con amor nos ofrece", o en el caso de algunos pueblos donde la cocinera "se siente" si no te comes lo que con tanto sudor y dedicación ha preparado de alimento.

Con los años, he aprendido el significado más amplio de este concepto. No se trata solamente de la comida.

Hay muchas cosas más en juego.

Ya yo no soy tan joven. Aunque tengo un espíritu joven, debo tomar ciertos cuidados en cuanto a las comidas por razón de cuidar mi salud. Necesito estar sano y con buena energía para mantenerme en la carrera, y los viajes y eventos pueden desgastarnos mucho y alterar nuestra dieta. Hacemos lo mejor que podemos en eso, pero adaptación

cultural es mucho más que la comida.

Para ser relevantes debemos estudiar cada cultura y demografía. En ocasiones grupos dentro de una cultura mayor exhiben grandes diferencias en la manera en que interpretan acciones en el diario vivir.

Debemos entender sus preocupaciones, sus retos, sus sueños.

RELEVANCIA EN COMUNICACIÓN

Principio #2 Manténlo sencillo, ¡Estúpido!

No se ofenda. No es nada personal. Es un dicho común en ingles.

The KISS principle "Keep it simple, stupid".

El principio KISS (del inglés Keep It Simple, Stupid!: «Manténlo sencillo, ¡Estúpido!») es un acrónimo que recomienda el uso de instrucciones sencillas y comprensibles, rechazando lo enrevesado e innecesario.

Belleza de estilo, armonía, gracia y el buen ritmo dependen de simplicidad. -Platón

El mensaje debe ser corto y preciso
La era de los sermones largos ha terminado.

En décadas anteriores, cometíamos el error de medir el crecimiento espiritual de alguien de acuerdo a cuan largo mensaje podía soportar.

Sermones largos (dando vueltas en circulo y sin arribar) fueron la regla.

El sermón largo y/o doctrinal desde púlpitos evangelísticos durante esas décadas produjo muy pocos frutos.

Jesús predicaba cortos mensajes

Por lo regular la transcripción de un mensaje de 35 minutos tiene entre 4,500 y 5,500 palabras. Un mensaje de una hora tiene entre 8,000 y 10,000 palabras. (Depende de la velocidad del mensajero. Además, mensajes más largos tienden a tener pausas más largas por lo regular hacia el final).

Veamos los mensajes de Jesús:

El Buen Samaritano Lucas 10:25-37 - **252** palabras incluyendo la introducción y narración del escritor del libro.

El Sermón del Monte Mateo 5:1-12 - **153** palabras incluyendo la introducción y narración del escritor del libro.

La Oveja Perdida Lucas 15:3-7 - **97** palabras incluyendo la introducción y narración del escritor del libro.

El Hijo Pródigo Lucas 15:11-32 - **440** palabras incluyendo la introducción y narración del escritor del libro.

El ser humano posee una capacidad limitada al mantener su atención a un asunto, ya sea mensaje, presentación o entretenimiento.

A continuación analizamos ciertos conceptos y factores.

Intervalo de atención

El intervalo de atención de una persona se refiere a la capacidad que ese individuo tenga para mantener su concentración en una sola tarea o estímulo, sin ser distraído por otros en su entorno.

La capacidad de enfocarse en un objetivo es muy necesaria para el aprendizaje y para completar satisfactoriamente cualquier proyecto. El intervalo de atención de una persona, por supuesto, será distinto para diferentes estímulos (es más fácil que un niño preste atención por un largo intervalo a la televisión que a un discurso político). (3)

Atención

La atención es la capacidad que tiene alguien para entender las cosas o un objetivo, tenerlo en cuenta o en consideración. Desde el punto de vista de la psicología, la atención no es un concepto único, sino el nombre atribuido a una variedad de fenómenos. Tradicionalmente, se ha considerado de dos maneras distintas, aunque relacionadas. Por una parte, la atención como una cualidad de la percepción hace referencia a la función de la atención como filtro de los estímulos ambientales, decidiendo cuáles son los estímulos más relevantes y dándoles prioridad por medio de la concentración de la actividad psíquica sobre el objetivo, para un procesamiento más profundo en la conciencia. Por otro lado, la atención es entendida como el mecanismo que controla y regula los procesos cognitivos; desde el aprendizaje por acondicionamiento hasta el razonamiento complejo.

La atención puede ser de tres tipos:

Activa y voluntaria: Es atención activa y voluntaria cuando se orienta y proyecta mediante un acto consciente, volitivo y con un fin de utilidad práctica y en su aplicación buscamos aclarar o distinguir algo. También se puede llamar atención deliberada.

Activa e involuntaria: Es la orientada por una percepción.

Pasiva: Es atención pasiva la que es atraída sin esfuerzo.

Percepción

La percepción obedece a los estímulos cerebrales logrados a través de los 5 sentidos, vista, olfato, tacto, auditivo, gusto, los cuales dan una realidad física del medio ambiente.

Poniendo todo en contexto.

Cuando entregas el mensaje, tu meta en el área de comunicación es que el oyente (y

oyente visual) logre captar por lo menos los conceptos principales de tu entrega. Debido a que la atención del receptor no es constante (sino en intervalos), este proceso se complica en mensajes largos y poco atractivos.

Si mantener la atención de los oyentes es una meta. Entonces simplificar la entrega es menester.

En el lenguaje de Shakespeare sería: "Keep it Short, Sweet and to the Point".

1. El mensaje debe ser sencillo.

2. El mensaje debe hablar al momento (dentro de época).

3. El mensaje (y el mensajero) debe identificarse con la necesidad (problema moral y/o social presente).

4. El mensaje presenta urgencia práctica (llamado a la acción).

SELECCIÓN

"Cuando el trabajo de un gran líder concluye, la gente dice: ¡Lo hicimos!" - Lao Tsé

Escuela de Liderazgo Internacional

TEXTOS & REFERENCIAS

IDEA CRÍTICA

PREGUNTA

COMPARTIR

PRIORIDADES EN RECURSO HUMANO

Principio #3 Si todos corren, nadie corre.

Proceso de selección

> *Otro de sus discípulos le dijo: Señor, permíteme que vaya primero y entierre a mi padre. Jesús le dijo: Sígueme; deja que los muertos entierren a sus muertos.* Mateo 8:21, 22

> *Y dijo a otro: Sígueme. Él le dijo: Señor, déjame que primero vaya y entierre a mi padre. Jesús le dijo: Deja que los muertos entierren a sus muertos; y tú ve, y anuncia el reino de Dios. Entonces también dijo otro: Te seguiré, Señor; pero déjame que me despida primero de los que están en mi casa. Y Jesús le dijo: Ninguno que poniendo su mano en el arado mira hacia atrás, es apto para el reino de Dios.*
>
> Lucas 9:59-62

Tenemos la poderosa frase: "Cuando caminas todos caminan contigo, cuando corres algunos corren contigo, pero cuando vuelas, vuelas solo".

> *Principio: En el liderazgo, la definición de prioridades determina quienes correrán contigo (o no) al final.*

Es cierto que la frase en un nivel más profundo, está refiriendose a una gran realidad. Un líder, aunque este rodeado de gente, en el momento de hacer las grandes decisiones, se encuentra solo.

Sin embargo, también es cierto que en tu equipo tu sabes con quien verdaderamente puedes contar y esto es obvio en el momento en que necesitas disponer de alguien y no puedes contar con dicha persona pues ya te ha dejado saber que tiene otros planes que toman un lugar de importancia por encima del compromiso de la organización.

¿Cómo saber quien está comprometido(a) con la misión?
El proceso es sencillo.

> *Principio: Si la persona pone sus intereses personales, familiares o terrenales antes que el compromiso con el reino, sencillamente no se merece estar en una posición de reino.*

Si vemos el texto anterior (Lc 9:62), quitar la mano del arado significa "poner algo antes que el reino". No significa perder la salvación como muchos lo han interpretado. Arado es un instrumento de trabajo. Este texto está hablando de labor, y el ministerio es labor. "Quitar la mano del arado" significa "cambiar las prioridades del reino".

Leamos la definición de la boca del maestro.

> *El que ama a padre o madre más que a mí, no es digno de mí; el que ama a hijo o hija más que a mí, no es digno de mí; y el que no toma su cruz y sigue en pos de mí, no es digno de mí. Mateo 10:37, 38*

Principio: Entonces, una persona que ponga cualquier cosa o persona o asunto antes que la "labor" de reino, no puede ser "confiada" en asuntos de reino.

En lo particular, yo tengo muy en cuenta cuando le pido a alguien (que dice ser parte o quiere ser parte) del equipo que desarrolle una labor y me da una excusa (sea personal, familiar o profesional).

Le seguiré amando y entregando la palabra, pero confiarle la oportunidad de servir es algo que ya estará fuera de consideración.

No porque yo no lo desee, sino porque ya me ha dejado saber sus prioridades y si Dios y su obra no están primero, entonces mejor no.

Recuerda: Una persona sin claras prioridades NO se puede confiar.

Esto nos dice que a la hora de caminar, tendrás gente a tu alrededor, que NO pueden estar contigo a la hora de correr.

Nota: Este proceso es tomado en cuenta en la selección de líderes, discípulos, equipo y no es aplicada a la población en general. Es obvio que la audiencia general a quien ministras está automáticamente en un nivel más bajo de compromiso, y la mayoría deberá permanecer ahí. Esta ciencia es tomada en cuenta a la hora "llamar discípulos".

TEXTOS & REFERENCIAS

IDEA CRÍTICA

PREGUNTA

COMPARTIR

PRIORIDADES EN UTILIDAD

Principio #4 Si todo es importante, nada es importante.

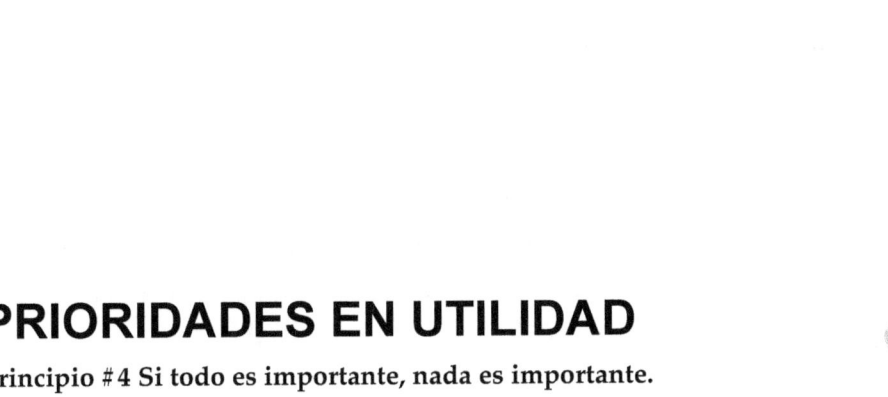

Tiempo

En Ingles existe la frase: "Time is our most precious commodity", que se traduciría: "El tiempo es nuestro bien más precioso".

> *Principio: El arte de "quitar" aquello que no funciona es una cualidad indispensable de líder.*

> *...todo árbol que no da buen fruto es cortado y echado en el fuego. Mateo 3:10*

Todos daremos cuenta en cuanto a lo que hicimos con nuestro tiempo.

> *Porque es necesario que todos nosotros comparezcamos ante el tribunal de Cristo, para que cada uno reciba según lo que haya hecho mientras estaba en el cuerpo... 2 Cor 5:10*

La palabra "mientras" indica "tiempo".

> *...aprovechando bien el tiempo, porque los días son malos. Ef 5:16*

Para usar sabiamente nuestro tiempo debemos aprender a separar las cosas que son importantes de las que no son importantes.

> *Principio: Si crees que todo es importante, jamás podrás completar nada.*

Haz tu lista, completa lo que es importante.

Cuando preparas tu día, pon todo en una lista (a To-Do list), luego marca las prioridades entre las cosas que son importantes. Completa lo más importante de lo importante, el resto delégalo.

Delega lo que es importante.

Quizá has oído decir: "Haz lo importante y delega el resto".
Esto es un concepto erróneo.
Si delegas las cosas que no son importantes, mantendrás atada la inteligencia de quienes te ayudan en cosas que al final no producirán fruto. Además de que esto es una falta de respeto a aquellos que tienen grandes habilidades, estarás perdiendo precioso recurso humano.

Delega cosas importantes.

¿Cómo se a quien le puedo delegar algo importante?
Eso se prueba usando dos principios:

1- Deja espacio para el error.

Si una persona tiene buena disposición (toma acción) y "completa" lo delegado aunque cometa errores, tienes una buena noticia. Talento dispuesto SIEMPRE se puede entrenar.

2- Observa a quienes "completan" lo asignado.

Si delegas algo a alguien y no lo completa, eso puede significar varias cosas:

- Que no tiene iniciativa para manejarse por sí solo(a).
- Que no puede interpretar lo asignado.
- Que no ha valorado el privilegio y oportunidad que se le ha brindado en los negocios del reino.

De cualquier forma, a esa persona NO se le puede confiar en ese nivel (por lo menos en el presente). Hay personas que crecen y se desarrollan con el tiempo, aunque hay otros que jamás tendrán iniciativa.

Que una persona no tenga iniciativa para tomar asignaciones importantes, no quiere decir que no pueda servir en el ministerio. A alguien hay que enviar a ver las nubes y que nos diga si va a llover (1 Reyes 18:43-46).

¿Y que sucede con las cosas que no son importantes?
No se hacen.

> *Principio: La mentalidad de Dios es orientada a frutos. Si no va a haber frutos en ese proyecto, entonces mejor no hacerlo.*

DIPLOMACIA
No dejes crecer la hierba en el camino de la amistad. -Sócrates

TEXTOS & REFERENCIAS

IDEA CRÍTICA

PREGUNTA

COMPARTIR

DIPLOMACIA DE REINO

Principio #5 No dejes crecer la hierba en el camino de la amistad.

> *La dádiva del hombre le ensancha el camino Y le lleva delante de los grandes. Proverbios 18:16*

Si el don que está en mi o la dádiva que tengo en mi mano me lleva delante de los grandes, entonces la pregunta es…

¿Qué hago una vez que esté delante de los grandes?

Diplomacia *(Definiciones)*
- Disciplina o conocimiento de las relaciones entre los estados.
- Corrección y amabilidad interesadas o habilidad en el trato.
- Tacto, habilidad y sutileza para mantener buenas relaciones. fig. Cortesanía aparente e interesada; sagacidad. (4)

Concepto

El concepto de diplomacia reviste distintas acepciones de acuerdo con el mayor o menor grado de inclusión de objetivos y prácticas que a través de ella se desarrollan.

De este modo, y de acuerdo con autores referentes en la materia, podemos definirla como:

- *"El manejo profesional de las relaciones entre soberanos" (Cohen)*
- *"Sentido común y comprensión aplicados a las relaciones internacionales. La aplicación de la inteligencia y el tacto a la dirección de las relaciones oficiales entre Gobiernos de Estados independientes" (Nicolson)*
- *"La conducción de las relaciones internacionales por negociación, más que por la fuerza, la propaganda, o el recurso del derecho, y por otros medios pacíficos – como recabar información o generar buena voluntad- que están directa o indirectamente diseñados para promover la negociación. Una actividad esencialmente política y una institución del sistema internacional" (Berridge)*
- *"El conjunto de reglas y métodos que permiten a un Estado instrumentar sus relaciones con otros sujetos del derecho internacional, con el doble objeto de promover la paz y cultivar una mentalidad universal fomentando la cooperación con dichos sujetos en los más diversos campos" (Cantilo)*

La práctica diplomática se remonta hasta la Grecia clásica, dándose su evolución paulatinamente de acuerdo con el proporcional incremento de las relaciones internacionales, proceso que se intensifica en nuestros días.

La importancia de la práctica diplomática radica en la versatilidad de las funciones desempeñadas por la figura de los embajadores residentes, cuyas funciones giran en torno a la generación de información fidedigna, la minimización de las fricciones potenciales y el fomento de las relaciones amistosas entre los Estados soberanos.

Podemos distinguir, afines prácticos, la práctica diplomática contemporánea en cuatro formas: la diplomacia bilateral, la d. ad hoc, la d. directa y aquella llamada multilateral.

Etimología y evolución histórica del término diplomacia

La palabra diplomacia proviene del francés diplomatie y del inglés diplomatics, que a su vez derivan del latín diploma y éste del griego διπλομα (diploma).

El término διπλομα se compone del vocablo δίπλο (diplo), que significa doblado en dos, y del sufijo μα (ma), que hace referencia a un objeto. (5)

La figura del agente diplomático

Entendemos por diplomático aquel agente que envía un Estado (acreditante) ante otro Estado (receptor) para desarrollar las relaciones entre ambos. Las normas de regulación de la actividad fueron, en su mayoría, de origen consuetudinario, cristalizándose en la Convención de Viena sobre Relaciones Diplomáticas del 18 de abril de 1961. (6)

De acuerdo con este elemento del derecho internacional público, las funciones del agente diplomático son:

a) Normales

proteger los intereses del Estado acreditante en el Estado receptor fomentar las relaciones amistosas ejercer (ciertas) funciones consulares.

b) Excepcionales

representar los intereses de un tercer Estado en el Estado receptor representar a un tercer Estado, el cual no posea representación en el Estado que lo recibe.

Para la consecución de estos objetivos, los medios de los cuales se sirve son:

Representar al Estado del cual es originario.

Negociar con el Estado receptor.

Informar a su Estado, por todos los medios lícitos.

En Práctica

En círculos de mediana/baja educación el término Diplomacia suele ser sinónimo de hipocresía.

Cuando decimos que una persona es muy "diplomática", por lo regular se está diciendo que no es transparente o que está dando vueltas a la verdad.

El hecho de que "diplomacia" está relacionada a la política, y por el hecho de que nuestros pueblos han sufrido por los abusos y falta de honestidad en nuestros políticos, da directamente una connotación negativa al concepto.

Sin embargo, en círculos de personas educadas (estudiadas) la "Diplomacia" tiene una muy diferente connotación.

El arte de la "Diplomacia" incluye: Relaciones, negociaciones, cortesía, tratos, e intereses.

Me gusta una de las definiciones que antes mencionamos:
"Tacto, habilidad y sutileza para mantener buenas relaciones".

Nosotros representamos un reino soberano.
Este reino NO es de este mundo, sin embargo tiene embajadas y embajadores en este mundo.

> *Respondió Jesús: Mi reino no es de este mundo*
> *Juan 18:36*
> *Así que, somos embajadores en nombre de Cristo*
> *2 Corintios 5:20*

Cuando representamos correctamente este reino, debemos entender negociaciones.

> *Entonces él les dijo: ¿Por qué me buscabais? ¿No sabíais que en los negocios de mi Padre me es necesario estar? Lucas 2:49*

DIPLOMACIA EN RELACIONES

Principio #6 Si todos son amigos, nadie es amigo.

En una sociedad donde a todo el que se enlaza contigo en una red social es llamado "amigo", la palabra "amigo" toma una definición nublada.

El acelerado cambio en la definición de relaciones humanas nos obliga a establecer parámetros que protejan y definan las verdaderas relaciones. Conocer la diferencia entre las imprescindibles y las casuales.

Los eventos pasan, las relaciones quedan. -Un Amigo

Entonces debemos nutrir la relación con aquellos que amamos fuera de la arena profesional, e

incrementar el círculo de los que comparten nuestra causa y amar a los que la persiguen. -JA Pérez (7)

Por el hecho de que este libro trata con relaciones en la carrera, consejos y principios que fortalecen las relaciones familiares no son tocados. Para crecer y fortalecer su relación con esposo(a), hijos, y aun su suegra, le recomendamos ir a nuestra página de recursos en nuestro sitio en la red: www.japerez.com/libros

Definición de Amigo:

En todo tiempo ama el amigo, Y es como un hermano en tiempo de angustia. Proverbios 17:17

Entonces, si un amigo es como un hermano, esta relación estará dentro y por encima de relaciones diplomáticas, por lo que tampoco lo trataremos mucho en este libro.

Los que comparten nuestra causa
(En el trabajo de Evangelismo)

Todo aquel que está en una posición de líder u oficio ministerial dentro de la Iglesia del Señor, comparte automáticamente una misión similar a la nuestra. De hecho, todos estamos identificados por medio de la gran comisión.

Entonces, esto automáticamente nos convierte en potencialmente socios.

¿Cómo establecer, desarrollar y mantener relación con esta enorme demografía?
Mi amado amigo y mentor Luis Palau dice que un Evangelista debe invertir 50% de su tiempo en relaciones.

Proceder, Conducta e Imagen

1. **Ten buenos modales.** Se amable y cuídate de no herir los sentimientos al hablar con alguien. Trata amablemente a todos, incluyendo a aquellos que te sirven.
2. **Saluda a todos por nombre.** Ser gentil no cuesta nada. No hay nada más agradable que saludar a alguien que nos responda con entusiasmo y efusividad. Recuerda los nombres de los demás, lo cual demuestra respeto y atención.
3. **Evita el "yo".** Si no tienes nada agradable que decir, espera a tenerlo. Deja que otros tengan la razón y que sean el centro de la conversación. Mientras menos hablas de ti mismo, más sube el nivel de respeto de otros hacia ti.
4. **Si hacen bromas sobre ti, haz lo posible por reírte.** Sobre todo si la broma es buena. No te molestes, sino comparte la risa.
5. **Demuestra tus emociones y solidaridad con las penas y alegrías ajenas.**
6. **Mide tus palabras.** Si alguien te conversa sobre algo que no conoces o entiendes, se lo dices. Piensa bien antes de opinar. Entérate bien del asunto. Si la franqueza te puede hacer desagradable, mantente en silencio.
7. **Muestra Interés.** Compórtate de una manera agradable demostrando interés por los demás. Recuerda que cada ser humano es un misterio fascinante que merece la más delicada atención.
8. **Escucha detenidamente y mira a los ojos.** Tus ojos deben ser los de un ser vivo que mira a la persona con quien habla. No mantengas una mirada constantemente vaga e inquieta.
9. **Felicita a otros.** La felicitación es el más grande y simple incentivo que puedes dar a la gente y... no cuesta nada. No des a las personas otro trato que al que a ti te gustaría recibir.
10. **Cuida el nivel.** Selecciona amigos que se mantengan por encima de las cosas mezquinas y poco importantes.
11. **No adules.** Es bueno respetar al mejor, pero no rendirle culto.
12. **Sé humilde en tu actitud.** Mientras admires a otros no te formarás una opinión excesiva de ti mismo.
13. **Cuida y ama al simple.** Una gran persona demuestra su grandeza en la forma que trata a sus pequeños.

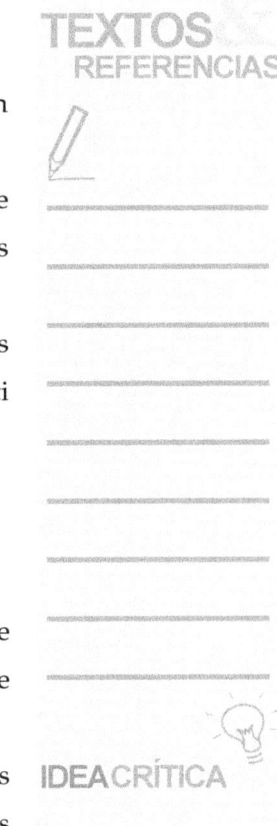

14. Colócate debajo, nunca arriba. Si quieres tener enemigos, supera a tus amigos. Si quieres tener amigos, deja que tus amigos te superen. Algunos "amigos" obtendrán más satisfacción de nuestras dificultades que de nuestros triunfos, entonces, debemos ser muy modestos con nuestros triunfos. El sabio que desea estar por encima de los hombres, se coloca debajo de tal manera que estos no sientan su peso, aunque su lugar sea delante de ellos.

15. Balancea la corrección. Para llamar la atención de algún defecto, di algo agradable primero. Comienza con elogios y una buena apreciación del prójimo. Acostúmbrate a elogiar hasta el menor progreso de todos. Cada persona que conoces anhela el elogio, y este sinceramente administrado, es una gran herramienta para lograr esa gracia.

16. Usa palabras grandes, positivas y alegres en tu vocabulario.

17. Genera Entusiasmo. Si posees entusiasmo, los que te rodean lo poseerán también. Una persona entusiasta, pronto cuenta con entusiastas seguidores. Para ser agradable, debes pensar que lo eres.

18. Cuida tu imagen. Recuerda lo que tu apariencia dice. Debe decir cosas positivas de ti. Usa la ropa como una herramienta para elevar tu espíritu y edificar confianza. Tu exterior físico afecta tu interior mental. Tu apariencia te habla, pero también le habla a los demás.

19. Amplifica tu visión de las personas. Piensa en grande de la gente y así obtendrás lo mejor de ellos. Ve a las personas a tu alrededor, más grande de lo que son. Una gran persona ayuda a evaluar a la gente visualizándola en lo mejor. Ayuda a los demás a sentirse importantes.

DIPLOMACIA EN LA PALABRAS

Principio #7 El mensaje es el mensaje.

...el cacareo puede deshacer lo que ha logrado hacer la diplomacia. -José Martí

Habla para que yo te conozca. -Sócrates

No es casual que Hermes - el mensajero de los dioses en el panteón griego - sea el símbolo de la diplomacia. Nicholson, el clásico autor de Diplomacia, señalaba que quizás los ángeles fueron los primeros diplomáticos. O como dice nuestro proverbio favorito, "la diplomacia empezó cuando los hombres se dieron cuenta que era mejor escuchar el mensaje que comerse al mensajero".

La práctica diplomática es esencialmente la de comunicar, transmitir mensajes.
Desde el Canciller de la República hasta aquellos que desempeñan labores relacionadas con el quehacer diplomático sea en el Ministerio de Relaciones Exteriores o en las Embajadas, Consulados y Misiones en el exterior, todos deben preocuparse de que su interlocutor, ese "otro", entienda lo que se le quiere decir. Tan sencillo como eso y por lo mismo tan difícil como eso.
Por eso muchos identifican a los diplomáticos con gente que habla diversos idiomas, como si eso fuera medio para comunicar; de hecho lo es, pero los idiomas, como demuestra la praxis, es una herramienta antes que un

TEXTOS & REFERENCIAS

medio real, pues en realidad lo importante termina siendo el mensaje: lo que se quiere decir.

Esta es solo una primera reflexión sobre lo que quiere este medio. Convertirse en un espacio de debate de ideas sobre la práctica diplomática, sobre el oficio más antiguo del mundo (con perdón de saben quiénes) y sobre la forma en que perfeccionando nuestra acción podemos mejorar nuestra condición. Sean bienvenidos, mensajeros de todo el mundo. (8)

IDEA CRÍTICA

PREGUNTA

COMPARTIR

EMBAJADOR

...por el cual soy embajador en cadenas; que con denuedo hable de él, como debo hablar.

-Pablo (Ef 6:20)

TEXTOS & REFERENCIAS

IDEA CRÍTICA

PREGUNTA

COMPARTIR

EMBAJADOR PREPARADO

Principio #8 Sí, es lo que sabes.

En Inglés existe un dicho: "It's not what you know but who you know", que se traduciría: "No es lo que conoces, sino a quién conoces". Teniendo en cuenta que en ingles los verbos "saber" y "conocer" tienen una misma traducción… "know".

Los cristianos hemos adaptado rápidamente esta frase, justificándola con el hecho de que si conocemos a Jesús, no importa si no tenemos conocimiento académico.

Y esto es una buena excusa para mantener "la ignorancia" en nuestros púlpitos.

Me parece muy interesante que cuando se trató de ganar a "un pueblo" con mucha religión, el Señor escogió doce hombres (pescadores y hombres del vulgo y sin letras), pero cuando se trató de ganar a "las naciones", Dios levantó a "un" hombre que sobrepasaba en educación y conocimiento a los de su era.

Nosotros estamos en presencia de una generación mucho más preparada que la anterior. En Latinoamérica, el nivel de educación en esta última década ha subido. Nuestros líderes y políticos son más educados que los anteriores.

¿Cómo vamos a presentarles el poder del evangelio con Fe y Razón, si no podemos sentarnos donde ellos se sientan y comer donde ellos comen?

Necesitamos afilar nuestra lanza. Necesitamos prepararnos, aumentar nuestra capacidad, crecer y desarrollar cada faceta de nuestra constitución física, mental y espiritual y redondearnos efectivamente en toda ciencia, arte y materia… 360 grados.

Disciplina práctica

Cada día:

1- Invierte la "hora dorada" leyendo, escuchando algo inspiracional que prepare tu día (no periódicos, o noticias o televisión). Esto ejercita el cerebro, el entendimiento, las emociones y levanta el espíritu. Un libro por semana (52) al año, es el equivalente a un doctorado, el cual toma de 35 a 50 libros pero con disertación.

2-Prepara tu lista de cosas que se necesitan hacer ese día.

3- Organiza tu lista por prioridades. 1,2,3 Esto aumenta tu productividad 25% en el primer día.

4- Concentra tu enfoque y concentración en una sola tarea (task) a la vez, (la número 1). Esto incrementa tu productividad otro 50%.

5- Escucha programas en audio en tu automóvil. Tu automóvil puede ser tu cuarto de clases de universidad. Esto es el equivalente a haber ido a la universidad, excepto que del 90 al 95% de lo que aprendes (en la universidad tradicional) no es práctico en el mundo real.

6- Haz dos preguntas mágicas después de cada llamada, reunión y evento.

    a- Que hice bien en esta llamada. Escríbelo.
    b- Que debo hacer diferente. Escríbelo.

7- Trata a cada persona con quien interaccionas como la persona más importante del mundo. Mientras más practicas esto mejor te sientes de ti mismo, y más quieren ellos estar alrededor tuyo.

Escuela de Liderazgo Internacional

TEXTOS & REFERENCIAS

IDEA CRÍTICA

PREGUNTA

COMPARTIR

LÍDERES NACEN

Principio #9 No puedes convertir sapos en príncipes.

Puede ser que eso suceda en cuentos de hadas, pero no en la realidad.

Dios predestina líderes y es esta predestinación lo que da un sentido de confianza y seguridad a alguien que sabe que tiene destino.

Liderazgo es un llamado y el llamado es predestinado.

> *Porque a los que antes conoció, también los predestinó para que fuesen hechos conformes a la imagen de su Hijo, para que él sea el primogénito entre muchos hermanos. Y a los que predestinó, a éstos también llamó; y a los que llamó, a éstos también justificó; y a los que justificó, a éstos también glorificó.*
> *Romanos 8:29, 30*

Pero cuando agradó a Dios, que me apartó desde el vientre de mi madre, y me llamó por su gracia... Gálatas 1:15

En el pasado gasté mucho tiempo tratando de formar personas que no iban a ningún lugar. Si yo hubiese entendido este principio antes, me hubiese ahorrado muchas preciosas horas.

No estoy diciendo que Dios no tenga propósito con todos. En realidad, Dios tiene buenos planes para sus hijos, pero cuando hablamos de liderazgo, no todos están separados para ello, especialmente posiciones claves de reino.

Es como en un ejército. No todos son generales ni tienen madera de general. Se necesitan sargentos y soldados especializados en diferentes e importantes áreas de desempeño. Sin embargo, muy pocos pueden llevar sobre sus hombros las responsabilidades de un general.

Un líder nace, no se hace.

Esto es contrario a un muy famoso libro que obtuvo fama internacional en talleres de empresarios y liderazgo hace unos años. (9)

Con todo respeto al escritor (a quien no conozco personalmente), no puedo ser crítico de su persona ni de los cientos que promovieron esta filosofía. Estoy seguro que son magníficas personas con buenas intenciones. Sin embargo debo ser crítico de esa filosofía.

Tu no puedes hacer a alguien líder, de la misma manera que no puedes hacer a alguien predicador. Orador sí, pero predicador no.

Esto es un llamado que requiere dones.

Ahora. Una persona que nace para el liderazgo, por supuesto que necesita prepararse, equiparse, ejercitar sus sentidos. Necesita edificar su carácter y madurar, pero esto es añadido a la esencia de lo que ya es.

"Once Apóstoles para UNA sola nación", "UN Apóstol para muchas naciones..."
"Muy difícil convertir 'Pescadores' en 'Portavoces a la casa de Cesar'... Se necesitan Pablos".

Claro que ya Dios tenía llamado para esos once apóstoles.

El Señor al enviarlos claramente les dijo: Por camino de gentiles no vayáis (Mat 10:5).

Ellos estaban llamados a un pueblo. Un pueblo de tradiciones y mucha religión. Un pueblo que seguía señales y milagros.

> *Porque los judíos piden señales, y los griegos buscan sabiduría...*
> *1 Corintios 1:22*

A estos once, el Señor los ungió con poder, y grandes señales y maravillas les seguían, y sobrenaturalmente realizaron una tremenda misión en Jerusalén, Judea y Samaria.

La historia nos enseña que algunos de ellos (como Pedro) fueron a los gentiles, pero en poco tiempo estaban de vuelta en Jerusalén. De hecho, tenemos evidencias de que estos en ocasiones en lugar de ayudar el trabajo de Dios entre los gentiles, lo entorpecían por causa de su idiosincracia y religión judaica. Rudimentos que trajeron a la nueva economía de la gracia... prácticas que tendían a confundir a lo que Pablo tuvo que reprender.

> *Pero cuando Pedro vino a Antioquía, le resistí cara a cara, porque era de condenar. Pues antes que viniesen algunos de parte de Jacobo, comía con los gentiles; pero después que vinieron, se retraía y se apartaba, porque tenía miedo de los de la circuncisión. Y en su simulación participaban también los otros judíos, de tal manera que aun Bernabé fue también arrastrado por la hipocresía de ellos. Pero cuando vi que no andaban rectamente conforme a la verdad del evangelio, dije a Pedro delante de todos: Si tú, siendo judío, vives como los gentiles y no como judío, ¿por qué obligas a los gentiles a judaizar? Gálatas 2:11-14*

Para ministrar a pescadores y religiosos, el equipaje de estos estaba muy bien, pero para ir a los gentiles, a ciudades con filosofía, letras, arquitectura, y ciencia, se necesitaba a alguien que supiera más que pescar o cobrar impuestos. Se necesitaba a una persona que pudiera fluir en varios lenguajes, alguien que conociera leyes y protocolo, un maestro en diplomacia y firme en convicción. Con suficiente poder para resucitar muertos, y suficiente conocimiento para sobrepasar a los doctos y pensadores más avanzados de su tiempo.

Dios había apartado a Pablo.

Desde antes ya Dios había apartado a Pablo para que pastoreara a los gentiles. A veces he pensado (aunque este punto de vista no sea común) que Jesús está en este texto refiriendose a Pablo. El Pastor de los gentiles. Aunque la idea general es de un solo rebaño (gentiles y judíos) y un solo Pastor (Jesús), note el énfasis en "no son de este redil", o sea, no son parte de los judíos.

> *También tengo otras ovejas que no son de este redil; aquéllas también debo traer, y oirán mi voz; y habrá un rebaño, y un pastor.*
> *Juan 10:16*

Su conversión, es algo sobrenatural y predestinado. Dios no le dio la opción a decir que no. Se le apareció en el camino a Damasco y lo dejó ciego, y solo en su bautizo recobraría la vista.

Dios lo había apartado.

El Señor le dijo: Ve, porque instrumento escogido me es éste, para llevar mi nombre en presencia de los gentiles, y de reyes, y de los hijos de Israel; Hechos 9:15

¿Qué aprendemos aquí?
No gastes tiempo tratando de formar a aquellos que no han sido apartados.

Nuestro proceso de selección debe ser cuidadoso e inteligente. Así nos ahorraremos muchos dolores de cabeza y el reino ganará en todos los sentidos.

No puedes convertir un sapo en príncipe.

> *¿Mudará el etíope su piel, y el leopardo sus manchas? Así también, ¿podréis vosotros hacer bien, estando habituados a hacer mal?*
> *Jeremías 13:23*

TEXTOS & REFERENCIAS

IDEA CRÍTICA

PREGUNTA

COMPARTIR

TODO LO BUENO SE MULTIPLICA

Principio #10 Multiplicarte es tu mayor necesidad.

Si después de una sesión de entrenamiento, reunión, eventos, tu y yo no quedamos enlazados en algún nivel, he fallado en mi misión como Embajador.

Establece relaciones duraderas, de respeto y con sanos linderos.

Peligro #1 causante de rupturas en amistades: "Cuando uno le pide al otro algo que traspasa un lindero".

Te puedo invitar a que trabajes en un proyecto conmigo, tu me puedes invitar a que trabaje en un proyecto contigo, te puedo invitar a cenar, te puedo compartir ideas, me puedes invitar a cenar, me puedes compartir ideas.

Sin embargo, si yo se que eres carpintero y te pido que me hagas una mesa, porque se que me vas a cobrar menos (pues somos amigos), entonces estoy sacando provecho de nuestra amistad.

Si hago que tu dejes de ganar $100.00 la hora para yo pagarte $60.00 te estoy afectando, no te estoy bendiciendo.

Si el carpintero no hace el trabajo que le pedí, no quedaré feliz aunque le haya pagado menos, etc...

Todo esto se puede evitar si no pido algo en que el beneficio no sea parejo.

¿Cómo nos multiplicamos?

1. Observa el don de alguien.
2. Invita a ese alguien a una labor donde su don sea funcional.
3. Asegúrate de que ese alguien reciba el beneficio de su don.

Usted se preguntará... ¿Y yo, que beneficio recibo?

Esto nunca se trató de ti.

Debemos sinceramente estar interesados en el bien de otras personas. Esto es ministerio.

Debemos tener bien claro que no se puede servir a Dios sin servir a otros.

> *...como el Hijo del Hombre no vino para ser servido, sino para servir... Mateo 20:28*
>
> *Entonces Jesús, llamándolos, dijo: Sabéis que los gobernantes de las naciones se enseñorean de ellas, y los que son grandes ejercen sobre ellas potestad. Mas entre vosotros no será así, sino que el que quiera hacerse grande entre vosotros será vuestro servidor Mateo 20:25, 26*

Para multiplicarnos en otros líderes, debemos servirles.

Proceso:

1. Define tus intenciones: Asegúrate que no sigues ningún beneficio personal y que no hay ninguna intención de manipular o someter a otros. Una actitud egoísta destruye el sano propósito de cualquier relación.

Más allá de saber qué hacer o cómo hacerlo, lo más importante es "por qué hacerlo". Determinar la causa de tu objetivo es lo que realmente hará la diferencia para alcanzarlo.

2. Contagia la pasión: Una de las mejores maneras de proyectar liderazgo es con el ejemplo. Sin embargo, el ejemplo por sí solo no basta. No es suficiente "ensuciarse" las manos, estar disponible o colaborar con tu equipo. El verdadero catalizador del ejemplo es la pasión. En la medida en la que puedas contagiar tu pasión en tu entorno, será la proporción en la que éste estará motivado por una inspiración propia que lo lleve a dar lo mejor de si.

3. Acepta Ayuda: Un buen líder siempre es capaz de inspirar y confiar en la ayuda de otros más capaces que él. El buen líder no es aquel que sabe hacer todo, sino aquel que entiende su causa como lo más importante. Cuando un buen líder encuentra que alguien puede contribuir de una mejor manera a su causa, no dudará ni un segundo en conseguir ayuda.

TRABAJO PRÁCTICO Y DE INVESTIGACIÓN

TRABAJO PRÁCTICO 1: DEMOGRAFÍAS

1. Seleccionar una cultura y dos sub-grupos.
2. Investigar y presentar características comunes de la cultura en general.
3. Investigar y presentar diferencias entre grupos pertenecientes a una misma cultura.

Seleccionar un grupo regional.

Investigar y describir lo siguientes.

- Mayores retos en su educación (estadísticas).
- Mortalidad Infantil (estadísticas).
- Enfermedades más comunes en niños.
- Enfermedades más comunes en adultos.
- Enfermedades contagiosas más comunes.
- Índice de embarazo en adolescentes.
- Iglesias Evangélicas per capita.
- Otras religiones o ritos.
- Salario regular de un obrero.
- Deportes regionales.
- Índice de madres solteras.
- Prisiones locales.
- Presos per capita.
- Índice de crímenes capitales.
- Días de fiestas patronales.
- Ferias locales.
- Tipos de parásitos comunes.
- Calidad del agua.

- Producto más necesario.
- Producto más popular.
- Música más popular.
- Bares per capita.
- Teatros per capita.
- Estaciones de Televisión local.
- Estaciones de Radio local.
- Periódicos locales.
- Estructura política local.
- Niveles de decencia y cordura.
- Índices de prostitución.
- Hospitales per capita.
- Clínicas menores per capita.
- Médicos per capita.

Presentación: Este trabajo debe ser presentado en un reporte de un mínimo de 4 páginas redactadas (estadísticas anumeradas) y una gráfica circular (pie chart).

Para ejemplos de gráfica puede ir a: http://en.wikipedia.org/wiki/Pie_chart
http://es.wikipedia.org/wiki/Gráfico_circular

TRABAJO PRÁCTICO 2: INDIGENTE

El proyecto *Indigente*, es un estudio que nos trae cara a cara con la condición humana. En este curso aprendemos que no podemos ministrar efectivamente a alguien si no nos podemos identificar con su dolor y experiencia.

Nota: Esta tarea ya fue realizada por el autor en su propia experiencia. No se pide algo que el autor no haya ya hecho.

Identifique a una persona indigente (homeless). Debe ser alguien que duerma en la calle (debajo de un puente o en algún lugar a la intemperie), no personas que duerman en una misión, o proyecto para indigentes (shelter).

Nota: Estudiantes mujeres deben seleccionar a una mujer (por cuestiones de seguridad).

Acérquese a esta persona y coma con ella (llevándole a un restaurante o comiendo en el piso a su lado).

Haga esto varias veces en un período de dos semanas.

Objetivo:
Nota Importante: Usted no va a entrevistar a esta persona. La información se debe conseguir con mucha cautela, permitiendo que la persona hable y diga lo que está en su corazón.

Cosas que debo aprender de esta persona para mi reporte.
    ¿Qué llevó a esta persona al lugar donde está?
    Calcule el nivel de educación de esta persona.
    ¿Exhibe algún trauma psicológico?

¿Fue abusada, creció en un hogar disfuncional?

¿Ha estado o está casada esta persona?

¿Cuantas relaciones menciona haber tenido?

¿Usa algún tipo de sustancia, droga o alcohol?

¿Ha estado en la cárcel?

¿Cuanto tiempo lleva en esta condición?

Preguntas a responder por usted en el reporte.

¿Qué lecciones de sabiduría ha aprendido usted de esta persona?

¿Cuan posible es que usted termine en una situación igual a la de esta persona?

¿Qué diferencias hay entre esta persona y usted?

Si está dentro de su alcance: ¿Qué va a hacer para mejorar la vida de esta persona?

¿Cómo la guió a Cristo?

Presentación: 1. Entregar las respuestas a las preguntas anteriores. 2. Describa la experiencia y emociones experimentadas durante estas visitas, y cómo ha afectado esto su visión de alcanzar a grupos o personas en diferentes situaciones a la suya. 3. Prepare una presentación hablada de aprox. 5 minutos en clase.

TRABAJO PRÁCTICO 3: RAMERA

Leer los siguientes pasajes:

Mateo 21:28-32

Hebreos 11:31

1 Corintios 6:16

El proyecto *Ramera*, es un estudio que nos trae cara a cara con la condición humana. En este curso aprendemos que no podemos ministrar efectivamente a alguien si no nos podemos identificar con su dolor y experiencia.

Identifique a una mujer que se dedique a la prostitución o a algún tipo de trabajo donde exponga su cuerpo por dinero.

Notas Importantes: 1. Hombres en este proyecto no deben estar solos en un lugar privado. Se recomienda tener a su esposa u otra persona con usted. 2. No entre a un lugar donde pueda ser tentado(a) o ponga en riesgo su integridad.

Invite a esta persona a un desayuno, o a tomar un café.

Usted deberá escuchar a esta persona y obtener la información sin hacer entrevista o preguntas que le puedan ofender o lastimar. Recuerde que (independientemente de su oficio) usted está frente a una persona que fue creada por Dios y a quien Dios ama. Trátele con todo el respeto que se merece.

Cosas que debo aprender de esta persona para mi reporte.

¿Qué llevó a esta persona al lugar donde está?

Calcule el nivel de educación de esta persona.

¿Exhibe algún trauma psicológico?

¿Fue abusada, creció en un hogar disfuncional?

¿Ha estado o está casada esta persona?

¿Cuantas relaciones menciona haber tenido?

¿Usa algún tipo de sustancia, droga o alcohol?

¿Ha estado en la cárcel?

¿Cuanto tiempo lleva en este oficio?

Preguntas a responder por usted en el reporte.

¿Qué lecciones de sabiduría ha aprendido usted de esta persona?

¿Cuan posible es que usted termine en una situación igual a la de esta persona?

¿Qué diferencias hay entre esta persona y usted?

Si está dentro de su alcance: ¿Qué va a hacer para mejorar la vida de esta persona?

¿Cómo la guió a Cristo?

TRABAJO PRÁCTICO 4: POLÍTICO

El proyecto *Político*, es un estudio que nos expone a la mente de aquellos que están en autoridad. Para impactar naciones con el Poder del Evangelio, debemos también tocar a sus gobernantes y líderes.

Identifique a una persona en posición de autoridad política. Puede ser un Congresista, Un Senador, Un Diputado, Un Alcalde (alguien que ganó su posición por medio de elecciones).

Nota: Para efectivamente conseguir una cita con un servidor público, usted deberá hacerlo por escrito por lo regular y deberá explicar su intensión a su asistente antes de conseguir la cita.

Un vez en la cita.
Usted deberá escuchar a esta persona y obtener la información haciendo preguntas inteligentes sin que la conversación tenga tono de entrevista.

Cosas que debo aprender de esta persona para mi reporte.

¿Qué llevó a esta persona al lugar donde está?
¿Cual es su rutina (disciplinas) diaria?
Calcule el nivel de educación de esta persona.
¿Cual es la mayor necesidad en su estado o ciudad?
¿Cual es el mayor reto de su término?
¿Que impresión tiene de las Iglesias de la ciudad?
¿Cómo cree esta persona que un evento a iniciativa humanitaria puede ayudar a su ciudad?
¿Algún principio de liderazgo que ha funcionado para ella (o el)?
¿Algún consejo que me quiera dar mi que me beneficie en el liderazgo?

Preguntas a responder por usted en el reporte.

¿Qué lecciones de sabiduría ha aprendido usted de esta persona?

¿Qué diferencias hay entre esta persona y usted?

Si está dentro de su alcance: ¿Qué va a hacer para mejorar la vida de esta persona?

¿Qué impresión deje yo sobre la causa de Cristo a esta persona?

TRABAJO PRÁCTICO 5: RELIGIOSO

El proyecto *Religioso*, es un estudio que nos expone a la mente de aquellos que están en autoridad dentro de la religión organizada. Para impactar naciones con el Poder del Evangelio, debemos entender y trabajar con aquellos que están a la cabeza aun cuando no estemos de acuerdo con sus creencias o ideas..

Identifique a una persona que sea un líder dentro de la religión organizada. Puede ser Un Sacerdote, Un Reverendo, Un Obispo, Un presidente de Alianza de Pastores o alguien en algún tipo de Jerarquía.

Nota: No puede ser un evangelista, tampoco su pastor.

Un vez en la cita.
Usted deberá escuchar a esta persona y obtener la información haciendo preguntas inteligentes sin que la conversación tenga tono de entrevista.

Cosas que debo aprender de esta persona para mi reporte.
    ¿Qué llevó a esta persona al lugar donde está?
    ¿Cual es su rutina (disciplinas u oraciones) diaria?
    Calcule el nivel de educación de esta persona.
    ¿Cual es la mayor necesidad en su estado o ciudad?
    ¿Algún consejo que me quiera dar mi que me beneficie en el liderazgo?
    ¿Qué alcance tiene su organización para ayudar a 1. Indigentes 2. Personas en la prostitución?
    ¿Cuando fue la última vez que esta persona entró en un bar o taberna?
    ¿Qué porcentaje de su tiempo dedica a la oración?

¿Qué porcentaje de su tiempo dedica al estudio o bosquejos?

¿Qué cantidad de su tiempo invierte en juntarse (o comer) con pecadores?

Preguntas a responder por usted en el reporte.

¿Qué lecciones de sabiduría ha aprendido usted de esta persona?

¿Qué diferencias hay entre esta persona y usted?

¿Qué diferencias encuentra usted entre esta persona y la ramera que usted entrevistó?

Preguntas Reporte General.

¿Con cual de las 4 personas con que usted ha venido en contacto?

Se identifica más_____

Se siente más a gusto_____

Usted siente más compasión_____

Cree que es más sincera_____

Pudiera mantener una amistad_____

Necesita más de Dios_____

Aprendí más de_____

Más me impactó_____

- Explique en una hoja aparte, cómo su interacción con estas 4 personas ha impactado su vida y de qué manera.
- Explique cómo *Embajador360⁰* ha impactado su vida, si es que de alguna manera.
- ¿Qué cambios prácticos voy a poner en práctica? Haga una lista.

Bibliografía

1- Definición proviene de: es.thefreedictionary.com

2- Definición de Relevante proviene de: http://definicion.de/relevante

3- Definición proviene de: Wikipedia

4- Definición proviene de: Varios Diccionarios. Lengua Popular.

5- Definición de Diplomacia proviene de: https://es.wikipedia.org/wiki/Diplomacia

6- Convención de Viena sobre Relaciones Diplomáticas del 18 de abril de 1961. http://www.oas.org/legal/spanish/documentos/ConvencionViena.htm Países Signatarios. http://treaties.un.org/pages/ViewDetails.aspx?src=TREATY&mtdsg_no=III-3&chapter=3&lang=en#participant

7- Frase Registrada - JA Pérez (Frases Registradas) © Frases Patentadas por JA Pérez (Derechos de Autor / Poetas Escritores con Frases y Dichos.

8- Más sobre Diplomacia http://diplomaciapractica.blogspot.com/

9- Con todo respeto a Ted. W. Engstrom.
Ted. W. Engstrom fue presidente emérito de Visión Mundial Internacional y un ejecutivo y presidente de Juventud para Cristo Internacional.

Trabajo del autor en Latinoamérica

Con más de treinta y cinco años de ministerio, y una reconocida trayectoria internacional, que incluye estrechas relaciones con economistas, dignatarios y aquellos que moldean las culturas presentes en las naciones, Dr. J.A. Pérez ha mostrado ser una autoridad en la materia de formar líderes.

Escritor, humanitario y precursor de movimientos de cosecha en América Latina. Su mensaje atraviesa generaciones, culturas y naciones. Ha escrito varios libros y asiste a intelectuales, así como a iletrados, en la adquisición de destrezas esenciales y soluciones pragmáticas para comunicar esperanza con valentía en entornos complejos, y a veces hostiles.

Sus concentraciones masivas y misiones humanitarias han atraído grandes multitudes durante años guiando a miles a una relación personal con Jesucristo.

Él, su esposa y sus tres hijos, viven en un suburbio de San Diego en California, desde donde se coordinan todos los proyectos de la asociación que lleva su nombre.

Equipando a los oriundos
En cada proyecto de ciudad, *Escuelas de Evangelismo, Escuela de Líderes y Talleres de Equipamiento* son llevados a cabo. Los nacionales son entrenados con material específico para trabajar con efectividad en la tarea de cosecha dentro de sus culturas y generaciones. Además de crear una cultura de evangelismo en la ciudad, ellos aprenderán a como cuidar a los nuevos creyentes y multiplicarse en otros líderes.

 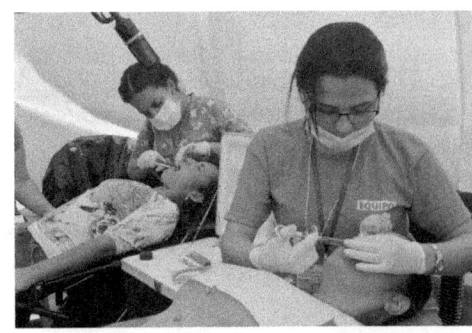

Trabajo Humanitario

En cada proyecto de ciudad, Doctores en medicina, Odontólogos, y Consejeros familiares sirven juntos a los necesitados de la ciudad. Durante el día —en el estadio— estos asisten en carpas a las necesidades, no solo físicas, también espirituales. Muchos vienen a Cristo durante el día, lo cual forma gran parte de la cosecha general. Demostrar el amor de Cristo por medio de servicio práctico es un elemento clave en un alcance de ciudad.

 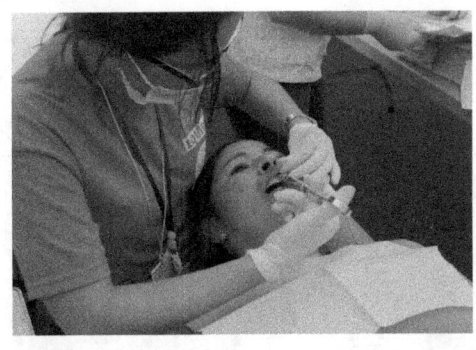

 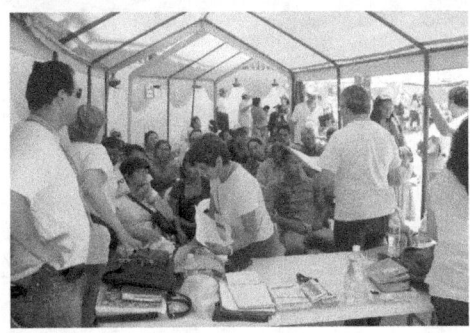

Amando a la ciudad

Antes que comience un festival, miembros del equipo visitan y ministran en escuelas, orfanatos y áreas de pobreza y grande riezgo donde la misión humanitaria tomará lugar. Además equipos de evangelismo trabajan en las calles de la ciudad.

Trabajo de JA Pérez con líderes de Latinoamérica
Cuando una ciudad o provincia es impactada, con frecuencia gobernantes y líderes nacionales —senadores y congresistas— asisten al evento y reconocen el movimiento, pero los frutos mayores del proyecto completo son las miles de vidas que son transformadas por el poder del evangelio. Ese es el principal propósito de todo — comunicar las buenas noticias de Cristo.

Intercambios Culturales™
En el festival, el *Intercambio Cultural™* une talentos nacionales e internacionales en la gran plataforma, con música, drama, danzas folcróricas y muchas otras artes.

Alcanzando a cada generación
Mimos, payasos, danzas y muchas otras formas creativas de presentar las buenas nuevas a niños, adolescentes y a cada otro grupo generacional son usadas por miembros del quipo provenientes de otros países trabajando con los nacionales.

OTROS LIBROS DEL AUTOR

Obras y trabajo literario de Dr. JA Pérez.

La página impresa ha sido y continúa siendo un renglón importante en la labor de este ministerio.

JA ha escrito libros en las categorías de vida cristiana; teología; escatología; evangelismo y misiones; formación de líderes y ministros; y también historietas y ficción para mentes jóvenes y aficionados a la aventura sana.

A continuación presentamos algúnos de estos libros.

Serie: Desarrollo de Liderazgo / Esenciales

Desarrollo de Liderazgo
con énfasis en:
Diplomacia
Empresarial
Evangelismo Continental
Misiones
Plantación de Iglesias

Serie Líderes

Esta serie está compuesta por doce manuales, con ejercicios y espacios para notas y tareas, de manera que el alumnado pueda recordar y poner en práctica cada uno de los principios aprendidos.

Los principios comprendidos en estos doce manuales también se encuentran en el libro *12 Fundamentos de Liderazgo* para ser usado en lectura regular.

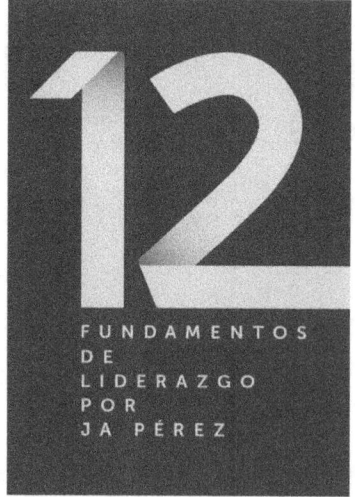

#

Series Conferencias

Discipulado para Nuevos Creyentes y Estudios de Grupos

Liderazgo, Gobierno y Diplomacia

Inspiración y Creatividad en Liderazgo

Temas Varios

Crecimiento Espiritual, Principios de Vida y Relaciones — Reci-

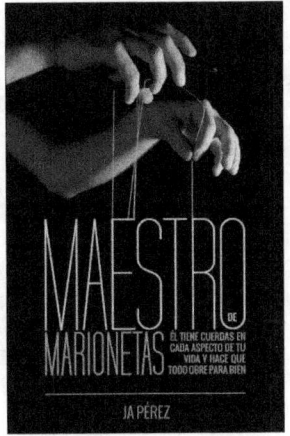

Profecía Bíblica   Teología

Evangelismo y Colaboración

Devocionales   Ficción, Historietas

Crecimiento Espiritual, Principios de Vida y Relaciones — Clásicos

English

Evangelism and Collaboration

Nuestros libros pueden ser obtenidos en librerías y distribuidoras mundialmente. Para una lista de librerías, puede ir a: www.japerez.com/libros

Contacte/siga al autor

Blog personal y redes sociales
japerez.com
@japereznow
facebook.com/japereznow

Asociación JA Pérez
japerez.org

República de Gozo
republicadegozo.com

Escuela de Liderazgo Internacional
liderazgo.us

Un Continente Radio
uncontinente.com

Keen Sight Books

www.ingramcontent.com/pod-product-compliance
Lightning Source LLC
Chambersburg PA
CBHW080839230426
43665CB00021B/2890